교양 꿀꺽
남극과 북극에도 식물이 있을까?

교양 꿀꺽

남극과 북극에도 식물이 있을까?

윤상석 지음 | 김지하 그림

봄마중

차례

머리말 · 6

1 남극과 북극은 어디에 있을까? · 9
2 북극을 처음 발견한 사람은 누구일까? · 19
3 누가 북극점에 처음으로 갔을까? · 27
4 남극을 처음 발견한 사람은 누구일까? · 37
5 누가 남극점에 처음으로 갔을까? · 43
6 남극과 북극은 어떤 모습일까? · 51
7 남극과 북극은 얼마나 추울까? · 63

8 신기한 북극과 남극 하늘 · 73

9 북극에는 어떤 생물들이 살고 있을까? · 81

10 남극에는 어떤 생물들이 살고 있을까? · 93

11 남극과 북극은 누구의 땅일까? · 103

12 북극과 남극에서 사람들은 어떻게 살까? · 111

13 얼음 바다를 가르며 나가는 배, 쇄빙선 · 121

14 남극과 북극의 우리나라 과학기지 · 129

15 북극과 남극의 눈물 · 137

머리말

  남극과 북극은 어떤 곳일까?

  남극과 북극은 모든 게 꽁꽁 어는 냉동고 안보다 더 추운 날씨가 날마다 이어지고, 땅과 바다는 온통 하얀 눈과 얼음이 뒤덮고 있지.

  남극과 북극에 쌓여 있는 얼음의 두께는 우리가 상상하는 것보다 훨씬 두꺼워서 백두산 높이만큼이나 되고, 얼음의 무게 때문에 남극 대륙은 아래로 꺼져 있을 정도야. 정말 놀랍지?

  그렇다고 남극과 북극이 하얀 눈과 얼음만 보이는 재미없는 곳은 아니야. 다른 곳에서 볼 수 없는 신기하고 놀라운 일들이 많이 벌어지거든. 여름에는 밤에도 해가 지지 않고, 겨울에는 낮에도 해가 뜨지 않아. 그리고 겨울밤에는 마치 커튼을 드리운 것처럼 펼쳐지는 신기한 오로라를 볼 수 있지.

  이렇게 추운 극지방에서는 사람들이 어떻게 살아갈까? 집안에서만 지내는 걸까? 동물이나 식물은 있을까? 남극과 북극을 발견한 사람은 누구일까? 극지방을 생각하면 궁금증이 꼬리에 꼬리를 물고 이어져.

  자, 이제부터 남극과 북극에서 벌어지는 놀랍고 신기한 비밀을 차근차근 밝혀내고 궁금증도 하나하나 풀어보기로 하자.

남극과 북극은 어디에 있을까?

겨울에 기온이 영하로 떨어지면 너무 추워서 집 밖으로 나가 놀기 싫지? 따뜻한 집 안에서 창밖에 내리는 눈을 보며 어서 빨리 따뜻한 봄이 오기를 기다릴 거야.

그런데 지구에는 일 년 내내 기온이 영하로 떨어져서 늘 춥고 온통 얼음으로 덮인 곳이 있어.

지구에서 가장 추운 곳은 <u>남극</u>과 <u>북극</u>이야.

남극과 북극이 어디에 있는지 알려면 세계 지도를 봐야 해. 세계 지도를 실제 지구 모양처럼 만든 지구본을 보는 게 더 낫겠네.

지구본 위에 가로와 세로로 그어진 선들이 보이지?

하지만 착각하면 안 돼. 이 선들은 지구 위에 실제로 있는 게 아니야. 세계 지도에 위치를 정확하게 나타내기 위해서 사람들이 만든 선이거든.

> **지구본 한가운데에 그어진 가로 선을 적도라고 불러.**

이 적도를 중심으로 남쪽과 북쪽으로 얼마나 떨어져 있는지 알려 주는 것이 위도야.

적도의 위도는 0°(도)이고, 적도에서 위쪽으로 올라갈수록 위도가 올라가고, 아래로 내려가도 위도가 올라가.

"그럼 위도 10°라고 할 때, 위로 10° 올라갔는지, 아니면 아래로 10° 내려갔는지 알 수 없겠네?"

맞아. 그래서 구분하는 방법을 만들었어.

지구본에서 위쪽은 북쪽이고 아래쪽은 남쪽이니까 적도에서 북쪽으로 가면 북위라고 하고, 남쪽으로 가면 남위라고 불러.

예를 들어 적도 북쪽에 있는 우리나라 서울의 위도는 북위 37°이고, 적도 남쪽에 있는 오스트레일리아 시드니의 위도는 남위 33°지.

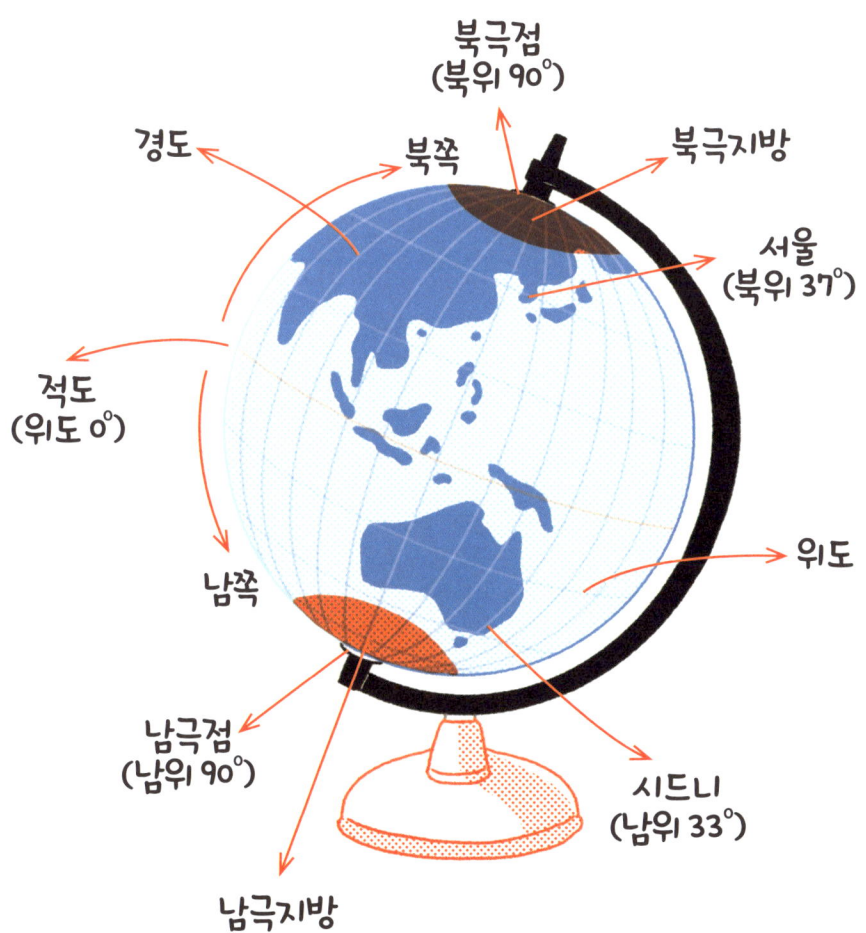

지구본을 보았을 때, 적도에서 북쪽과 남쪽으로 가장 멀리 떨어진 곳은 어디일까?

"지구본의 꼭대기와 밑바닥 아닐까? 지구본이 매달린 곳 말이야."

맞아. 지구본은 꼭대기와 밑바닥에 있는 회전축을 중심으로 회전할 수 있어. 마찬가지로 지구도 보이지 않는 회전축이 있지. 지구의 회전축을 자전축이라고 불러.

지구는 이 자전축을 중심으로 하루에 한 바퀴씩 돌아. 이것을 자전이라고 하지. 지구의 자전 때문에 해가 뜨는 아침이 있고, 해가 지는 저녁이 있는 거야.

이 자전축의 위쪽 끝을 북극점이라 부르고, 아래쪽 끝을 남극점이라 불러. 북극점은 적도에서 북쪽으로 가장 멀리 떨어진 곳으로 지구의 북쪽 끝이야. 북위 90°로 표시하지.

반대로 남극점은 적도에서 남쪽으로 가장 멀리 떨어진 곳으로 지구의 남쪽 끝이란다. 지도에서는 남위 90°로 표시해.

재미있는 것은 북극점에서는 어디를 가리키든지 모두 남쪽이야. 오른쪽도 남쪽, 왼쪽도 남쪽이 되는 거지. 마찬가지로 남극점에서는 어디를 가리키든지 모두 북쪽이지.

"북극점이 있는 곳을 북극, 남극점이 있는 곳을 남극이라고 하는 거야?"

맞아. 북극은 북극점을 포함한 주변 지역을 말해. 그런데 북극점은 바다 한가운데 있어서 북극점이 있는 바다를 <u>북극해</u>라 부르지.

북극은 북극해와 북극해를 둘러싼 시베리아, 북유럽, 캐나다, 알래스카, 그린란드, 아이슬란드의 일부 지역을 포함한 넓은 지역이야.

남극은 북극과 마찬가지로 남극점을 포함한 주변 지역을 말해. 과학자들은 남위 66.5° 아래쪽 지역을 남극이라고 불러.

그런데 남극은 북극과 달리 거대한 대륙으로 이루어졌

어. 남극 대륙은 오스트레일리아 대륙보다 두 배나 크지. 남극점도 이 대륙의 한가운데에 있단다.

이 북극과 남극을 합쳐서 극지방 또는 극지라고 부르는데, 극지는 지구 육지의 약 10%를 차지해. 그리고 북극점과 남극점을 극점이라고 부르기도 해.

"북극과 남극을 찾아가려면 어떻게 하지?"

나침반은 어디에 있든지 북쪽과 남쪽을 가리키잖아. 나침반을 보고 북쪽으로 계속 가면 북극에 갈 수 있어. 마찬가지로 나침반을 보고 남쪽으로 계속 가면 남극에 갈 수 있지.

"그런데 왜 나침반은 북쪽과 남쪽을 가리키는 거야?"

그건 지구가 하나의 커다란 자석이기 때문이야.

지구 내부에는 액체 상태의 녹은 철이 있는데, 녹은 철이 계속 움직이면서 지구에 자기가 생기는 거야.

자석을 본 적이 있지?

자석의 한쪽 끝은 N극이고, 반대쪽 끝은 S극이잖아.

북극에서는 N극의 자기가 나오고 남극에서는 S극의 자기가 나와. 이 N극과 S극의 자기에 따라 나침반의 바늘이 움직이는 거야. 나침반 바늘도 자석이거든.

자석 두 개를 가까이 가져갔을 때, 같은 극끼리는 서로 밀어내고, 다른 극끼리는 서로 끌어당기잖아. 그래서 나침반 바늘의 N극은 남극을 향하고, S극은 북극을 향해.

북극을 처음 발견한 사람은 누구일까?

"북극을 처음 발견한 사람은 누구야?"

북극에는 수천 년 전부터 사람들이 살고 있었어. 우리에게 에스키모로 잘 알려진 이누이트족이야.

이누이트족은 주로 사냥을 하면서 살았기 때문에 사냥감을 찾아 여기저기 돌아다니면서 북극과 그 주변 지역에 널리 흩어져 살았어.

하지만 북극은 오랫동안 사람들에게 잘 알려지지 않았지. 이누이트족이 다른 사람들과 교류하지 않았고 북극에 대해서 아무런 기록도 남기지 않았기 때문이야.

그러다가 바이킹이 북극을 발견했어.

바이킹은 8세기 말에서 11세기 초까지 유럽에서 유명했던 해적들인데, 이들이 처음으로 북극을 발견한 거야.

아이슬란드에 사는 바이킹 중에 에리크 토르발손이라는

사람이 있었어. 그는 성격이 포악해 사람을 쉽게 죽였지. 그래서 사람들은 그에게 3년 동안 아이슬란드를 떠나라는 벌을 내렸어.

에리크는 982년에 가족과 몇 명의 친구들과 함께 배를 타고 아이슬란드를 떠나 서쪽으로 갔지. 그리고 그들은 북대서양을 건너 아직 알려지지 않은 새로운 땅에 도착했어. 에리크는 이 땅을 <u>그린란드</u>라고 이름 지었지.

"그린란드는 영어로 '푸른 땅'이란 뜻인데, 북극 땅을 왜 푸른 땅이라고 불렀을까?"

그건 그 땅이 살기 좋은 곳이라고 사람들을 믿게 하려는 속셈 때문이었어. 그리고 그때는 지구의 기온이 지금보다

따뜻해서 실제로 그린란드에 넓은 초원이 있었다고 해.

　3년 후, 자신이 받은 벌이 끝나자 에리크는 아이슬란드로 돌아가서 그린란드에서 함께 살 사람들을 모집했어.

　그는 모집한 사람들과 함께 그린란드로 다시 돌아갔지. 그들은 그린란드에 도착해서 집을 짓고 농사를 지으며 살았어. 그리고 많은 후손을 남겨 큰 마을을 이루었지.

　그런데 1100년대 말이 되자 기후가 점점 추워지기 시작했어. 그러면서 그린란드는 살기 힘든 땅이 되었고, 먹을 것이 부족해지면서 많은 사람들이 목숨을 잃었지.

　게다가 북극의 원주민 이누이트족이 이들을 공격하기도 했어. 결국, 그린란드에 있던 바이킹들은 모두 사라졌고, 지금은 그 흔적만 남아 있단다.

　추워진 기후 때문에 북극으로 가는 바다에는 커다란 얼음들이 둥둥 떠다니기 시작했어. 배를 타고 얼음 바다를 지나간다는 건 너무나 위험한 일이었지. 얼음 때문에 배가 뒤집힐 수 있거든. 그래서 한동안 유럽 사람들은 북극에 갈 생각도 못 했던 거야.

　하지만 16세기에 들어서면서 유럽 사람들은 다시 북극

탐험에 나서기 시작했어.

> **왜냐하면 새로운 바닷길이
> 필요했기 때문이지.**

   그때 유럽 사람들과 아시아 사람들은 서로 물건을 사고파는 일들이 많았어. 그래서 유럽의 장사꾼들은 배를 타고 아프리카 대륙을 돌아 아시아로 가곤 했지.

   그런데 이 뱃길은 너무나 길어서 북극 바다를 가로질러 가는 새로운 뱃길인 **북서 항로**가 필요했던 거야.

   북서 항로는 큰 얼음들이 떠다니고 파도가 거칠고 바람도 거센 험난한 길이었지만 많은 탐험가가 도전했어. 하지만 대부분 실패하고 말았지.

   그러다 항해술이 발달한 20세기 초가 되어서야 북서 항로가 열렸어.

처음으로 북서 항로를 통과한 사람은
바로 노르웨이 탐험가 로알 아문센이야.

아문센은 1903년에 6명의 선원과 함께 요아호를 타고 노르웨이를 떠났어. 그는 북극에서 두 번의 겨울을 보내고 1906년에 알래스카에 도착해 북서 항로를 통과하는 데 성공했단다.

누가 북극점에 처음으로 갔을까?

탐험가들은 아무도 가보지 못한 곳에 누구보다 먼저 가고 싶어 해. 그래서 탐험가들이 북서 항로를 탐험하는 동안 또 다른 탐험가들은 북극점에 가장 먼저 가기 위해 노력했어.

북극점은 땅 위에 있지 않고 바다 위에 있다는 것을 앞에서 이야기했지? 그런데 그 바다는 얼음으로 뒤덮여 있기 때문에 결국 북극점도 얼음 위에 있지.

> **처음으로 북극점 근처까지 갔던 사람은 노르웨이 탐험가 프리드쇼프 난센이야.**

난센은 대학생 때 배를 타고 북극해를 탐험한 적이 있었어. 그때 난센은 그린란드 근처의 바다 얼음에서 소나무 토막을 발견했지.

그는 그 소나무 토막이 시베리아에서 바닷물의 흐름을 타고 북극점 가까이 갔다가 그린란드로 돌아왔다고 생각

했어.

 난센은 바닷물의 흐름을 타고 가면 북극점 가까이 갈 수 있다고 확신했어. 그래서 1893년 12명의 탐사대와 함께 배를 타고 북극점 탐험을 위해 북극 바다의 바닷물 흐름을 타고 표류했지.

"와, 정말 용감한 탐험가네!"

 하지만 그들이 탄 배는 북극점으로 흘러가지 않았고 바다 전체가 얼어버려서 더 이상 탐험을 할 수 없었어.
 결국, 난센은 동료인 요한슨과 함께 배에서 내려 바다 얼음 위에서 개썰매를 끌고 북극점으로 향했어. 그들은 북위 86° 너머까지 갔지.
 "북극점이 북위 90°이니까 근처까지 갔구나!"
 하지만 그들이 올라선 바다 얼음은 북극점 반대 방향으로 흘러갔지.

어쩔 수 없이 난센과 요한슨은 북극점 도전을 포기하고 가까운 섬으로 피신했고 다행히 영국 탐험대에 의해 구조되어 노르웨이로 되돌아올 수 있었지.

그 후, 북극점에 먼저 도착하기 위해 미국 해군 장교이면서 탐험가인 로버트 피어리와, 같은 미국인이면서 의사였던 프레데릭 쿡이 경쟁을 했어.

로버트 피어리는 1898년과 1906년에 북극점에 가기 위해 몇 번 도전했지만 모두 실패하고 말았지. 이때 그는 동상에 걸려 발가락 8개를 잃어야 했어.

"그럼 탐험을 포기했겠네."

아니. 그는 다시 1908년에 여덟 번째로 도전을 했어.

피어리 일행은 그린란드에 머물며 겨울을 보냈는데, 이때 프레데릭 쿡이 북극을 향해 이미 몇 달 전에 떠났다는 소식을 들었지.

하지만 피어리는 포기하지 않았어.

봄이 되자 피어리는 이누이트 4명과 함께 개썰매를 타고 북극점을 향해 출발했지.

마침내, 피어리는 온갖 어려움을 뚫고 1909년 4월 6일에 인류 최초로 북극점에 갔다 돌아오는 데 성공했어.

그런데 피어리의 성공을 못 믿겠다며 수군거리는 사람들이 생겼어. 탐험가 프레데릭 쿡이 피어리보다 먼저 1908년에 북극점에 도착했다고 주장했기 때문이야.

피어리도 가만있지 않았지.

두 사람은 곳곳을 다니며 서로 자신이 북극점에 처음으로 간 사람이라며 연설회를 열었어. 신문에서도 이 두 사람의 다툼을 보도했고, 두 사람의 다툼은 계속되었지.

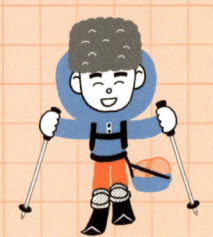

  결국, 전문가들이 더 많은 증거를 가진 피어리의 손을 들어 주면서 다툼은 끝났어.

  그런데 1996년에 발견된 피어리의 새로운 탐험 일지에서 놀라운 사실이 발견되었어.

  놀라지 마. 피어리가 도착한 곳이 북극점이 아니라 북극점에서 약 40km 떨어진 곳이라는 거야.

  "헉, 그럼 어떻게 되는 거야? 아무도 북극점에 못 갔다는 거야?"

이렇게 되면 아문센이 인류 최초로 북극점을 통과한 사람이 될 수 있어.

"아문센은 북서 항로를 개척한 탐험가잖아?"

그렇지. 사실 아문센은 피어리가 북극점에 이미 다녀왔다는 소식을 듣고 무척 아쉬워했어.

그는 북극점과 남극점에 처음으로 간 위대한 탐험가가 되고 싶었거든. 그는 실망하지 않고 다른 방법을 이용해서라도 북극점에 가려고 했지. 그래서 선택한 방법은 바로 비행선이었어.

아문센은 1926년 다른 탐험가 2명과 함께 비행선 '노르주 호'를 타고 유럽에서 북극점을 거쳐 알래스카까지 가는 데 성공했지.

비록 비행선을 타고 갔지만 아문센이
인류 최초로 북극점을 통과한 사람이 된 거야.

아무튼, 피어리 이후 한동안 북극점에 간 사람은 없었어. 60년이 지나서야 확실하게 북극점에 도착한 사람이 나타났지.

1968년 4월 19일 미국의 탐험가 랠프 플레이스가 스노모빌을 타고 북극점에 도착했어.

그리고 1995년에는 남아프리카공화국의 탐험가 마이크 혼이 개썰매나 스노모빌의 도움 없이 처음으로 혼자서 스키를 타고 북극점에 도착했단다.

남극을 처음 발견한 사람은 누구일까?

남극은 북극과 달리 원래 사람들이 살지 않았어.

하지만 사람들은 오래 전부터 지구 남쪽 밑에 큰 대륙이 있으리라 믿었지. 북반구에는 대륙이 많은데 비해 남반구에는 대륙이 적어서 서로 균형이 안 맞는다고 생각했기 때문이야.

배를 타고 남쪽으로 계속 가다 보면, 남위 50°와 60° 사이에 남극의 차가운 바닷물과 인도양과 태평양, 대서양에서 오는 따뜻한 바닷물이 만나는 곳이 있어.

이곳은 바닷물 온도와 성질이 갑자기 달라지고 기온과 날씨도 크게 달라져. 짙은 안개가 자주 피어오르고 강력한 폭풍우도 자주 발생하지. 폭풍우를 견디는 튼튼한 배가 없었던 옛날에는 이곳을 넘어 남쪽으로 갈 용기를 내지 못했어.

세월이 지나 배 만드는 기술이 발전하면서 사람들은 남극 대륙을 찾는 데 관심을 두기 시작했어.

영국 해군은 남극 대륙을 찾기 위해 **제임스 쿡** 선장을 보냈지.

제임스 쿡 선장은 1772년에 두 척의 배를 이끌고 남쪽으로 향했어.

하지만 제임스 쿡의 배는 강한 폭풍우와 바다 위를 떠다니는 거대한 얼음을 만나 남쪽으로 더 항해할 수 없었고, 남극 대륙을 발견하지 못한 채 돌아와야 했어.

하지만 1774년에 제임스 쿡은 다시 배를 타고 남쪽을 향해 출발했어. 그는 그전까지 아무도 가보지 못한 남위 70°까지 갔지만, 남극 대륙을 끝내 발견하지 못하고 얼음 바다만 보고 돌아왔지.

1819년에는 윌리엄 스미스 선장이 이끄는 영국 화물선 윌리엄스 호가 남위 62°까지 내려가서 섬들을 발견했어. 윌리엄 스미스 선장은 이 섬들을 사우스셔틀랜드 제도라고 이름 지었지.

그는 발견한 섬들 중 하나에 상륙해서 영국 국기를 세우고 영국 왕인 조지 3세의 땅이라고 선언했어. 그리고 그 섬을 왕의 이름을 따서 킹조지섬이라고 불렀단다.

이렇게 해서 남극 대륙의 북서쪽 끝자락에 있는 섬들이 발견된 거야.

그런데 사우스셔틀랜드 제도에 물개가 많다는 사실이

알려지면서 사람들이 배를 타고 이곳을 와서 물개를 잡기 시작했어. 사우스셔틀랜드 제도는 발견되자마자 물개 사냥터로 유명해졌단다.

"그런데 사람들이 남극 대륙에 속한 섬들을 발견한 거지 남극 대륙을 발견한 게 아니잖아."

맞아. 이제까지 사람들은 남극 대륙 서북쪽에 있는 남극 반도와 섬들만 발견했기 때문에 거대한 남극 대륙이 있다는 것을 제대로 알지 못했어.

그런데 1840년 미국의 해군 대위인 **찰스 윌크스**는 남극 대륙의 어느 해안에 상륙했지. 그는 조사를 통해 자신이 상륙한 땅이 섬이 아니고 대륙이라는 것을 알게 되었어.

누가 남극점에 처음으로 갔을까?

이제 남극점에 처음으로 간 사람에 대해 이야기해 볼게.

바다 위에 있는 북극점과 달리 남극점은 남극 대륙 위에 있다는 건 이제 알고 있지?

그런데 남극 대륙은 거대한 얼음으로 뒤덮여 있어서 남극점도 북극점과 마찬가지로 얼음 위에 있어. 남극은 북극보다 더 춥고 더 세찬 바람이 불기 때문에 남극점에 가는 건 대단한 모험이지.

하지만 어려운 모험일수록 탐험가들은 더 매력을 느끼잖아. 피어리가 인류 최초로 북극점에 갔다 왔다는 사실이

알려진 후에 탐험가들은 남극점에 관심을 두기 시작했어.

그 탐험가들 중 가장 앞선 사람은 영국 해군 장교인 <u>로버트 스콧</u>이었지. 스콧은 남극점 도전 계획을 세상에 알리고 많은 준비를 했어. 그리고 1910년에 65명의 선원들과 함께 <u>테라노바</u> 호를 타고 남극으로 향했지.

스콧은 이미 1901년부터 1904년까지 배를 타고 남극을 탐험한 경험이 있어서 성공에 자신 있었어. 그런데 그에게 생각지 못한 경쟁자가 나타났어.

남극을 향해 가는 도중에 아문센도 남극점에 도전하기 위해 남극으로 간다는 소식을 전해 들었거든.

"아문센은 북서 항로를 처음으로 통과한 노르웨이 탐험가잖아."

그래. 아문센은 인류 최초로 북극점에 가려는 꿈을 가졌지만, 그 영광을 피어리에게 빼앗기자 크게 실망했어. 그리고 북극점 대신 남극점으로 목표를 바꾸었지. 아문센은 남극점 도전을 비밀리에 준비했어. 그를 태운 배의 선원들도 배가 출발한 지 한참 뒤에야 자신들이 남극으로 간다는 것을 알 정도였다고 해.

그러니 스콧은 아문센이 경쟁자로 나서리라고는 꿈에서도 생각지 못했던 거야.

아문센은 1910년 6월 1일 영국을 출발해서 1911년 1월

14일 남극 웨일스 만에 도착했어. 스콧은 이미 일주일 전에 남극 맥머도 해협에 도착해 있었지.

이제 북극점 도전보다 더 치열한 스콧 탐험대와 아문센 탐험대의 남극점 도전 경쟁의 막이 오른 거야.

본격적인 경쟁이 시작되기 전에 아문센 탐험대와 스콧 탐험대는 한동안 도착한 곳에 천막을 치고 머물러야 했어. 남극점 도전을 위한 마지막 준비를 하고, 남극의 겨울도 보내야 했거든.

남극의 겨울이 지나가고 봄이 오자 드디어 두 탐험대의 경쟁이 시작되었지. 먼저 출발한 쪽은 아문센 탐험대였어.

출발!

아문센은 1911년 10월 20일, 스콧 탐험대는 이보다 11일 늦은 11월 1일에 남극점을 향해 출발했지.

"먼저 출발하는 게 유리할 텐데, 스콧 탐험대가 출발이 늦었네."

맞아. 그런데 그때는 휴대전화도 없어서 아문센과 스콧은 상대방이 언제 출발했는지 알 수가 없었어.

아무튼, 아문센과 스콧은 각자 열심히 남극점을 향했지.

그런데 스콧 탐험대에 문제가 발생했어.

　스콧은 모터가 달린 썰매와 조랑말을 이용했는데, 남극의 강추위와 눈보라에 모터가 달린 썰매가 움직이지 않았고 조랑말도 죽어간 거야.

　게다가 스콧이 출발한 곳은 아문센이 출발한 곳보다 남극점에서 100km나 더 멀리 있었지.

　반면에 아문센은 순조롭게 남극점을 향해 갔어. 아문센은 추위에 강한 그린란드 개들을 잘 훈련시켰거든. 이 개들이 끄는 썰매는 남극점을 향해 부지런히 달렸지.

> **아문센 탐험대는 1911년 12월 14일 오후 3시경에 남극점에 도착했어.**

 이렇게 해서 인류 최초 남극점 도달의 영광은 아문센이 차지했지. 그들은 그곳에 노르웨이 국기를 세우고 노르웨이 국가를 합창했어.
 이때 스콧 탐험대는 남극점에서 멀리 떨어진 곳에 있었지. 스콧 탐험대는 조랑말들이 죽어 버려 사람이 직접 썰매를 끌어야 했어.
 극심한 추위와 바람 속에 탐험대원들이 모두 지쳤기 때문에 스콧은 대원 4명만 데리고 남극점을 향했지. 갖은 고생 끝에 마침내 남극점에 도착했을 때는 아문센보다 33일이 늦은 1912년 1월 18일이었지.
 그들은 남극점에 꽂힌 노르웨이 국기를 발견하고는 아문센이 먼저 도착했다는 사실을 알았고 크게 실망한 채 발길을 돌려야 했어.

그런데 되돌아가는 것도 쉽지 않았어. 가지고 온 식량과 연료가 부족했던 거야.

그들은 추위와 눈보라에 지쳐 점점 힘이 빠져갔지. 결국 스콧과 그를 따라나선 4명은 모두 목숨을 잃었어.

6

남극과 북극은 어떤 모습일까?

"탐험가들이 발견한 남극과 북극은 어떤 모습인지 궁금해."

좋아. 남극과 북극이 어떤 모습으로 생겼는지 이야기해 줄게.

남극은 대륙으로 이루어졌다고 앞에서 말했지? 남극 대륙은 어마어마하게 커. 크기가 한반도의 62배나 되지. 이렇게 큰 남극 대륙 대부분이 아주 두꺼운 얼음으로 뒤덮여 있어.

얼음 평균 두께는 2,160m이고, 가장 두꺼운 곳이 무려 4,776m에 이를 정도라고 해.

"와, 얼음의 두께가 백두산 높이보다 훨씬 두껍다니!"

그래. 이 얼음 덕분에 남극 대륙은 바다에서부터 높이를 재면 평균 높이가 우리나라에서 가장 높은 한라산보다 훨씬 더 높아. 얼음의 무게도 정말 상상하기 힘들 정도지.

그 무게에 눌려 남극 대륙의 땅 높이가 실제보다 낮아질 정도이니까.

그래서 남극 대륙의 얼음이 모두 없어진다면 땅의 높이가 두 배 정도 높아질 거라고 과학자들은 예측해.

"그렇게 많은 얼음이 모두 녹는다면 물이 어마어마하게 생기겠는걸."

맞아. 남극 대륙의 얼음은 전 세계 얼음의 약 90%를 차지할 정도로 엄청난 양이야.

> 만약 남극 얼음이 모두 녹는다면
> 전 세계 바닷물 높이가
> 60~70m 정도 올라간다고 해.

그러면 전 세계 해안가에 있는 마을이나 도시들은 모두 물에 잠기고, 뉴욕, 홍콩뿐만 아니라 우리나라의 부산과 인천도 물에 잠길 거야.

"그 많은 남극의 얼음은 어떻게 생긴 거야?"

남극의 얼음은 눈이 녹지 않고 쌓이기만 해서 생긴 거야. 눈이 녹지 않고 계속 쌓이면 어떻게 되겠니? 예전에 내렸던 눈은 점점 밑으로 내려가고 그 위로 엄청나게 쌓인 눈의 무게에 눌리게 되겠지. 따라서 깊은 곳의 눈은 큰 압력을 받아 딱딱하게 굳고 결국 얼음이 되는 거야. 이렇게 만들어진 얼음을 빙하라고 불러.

"눈이 계속해서 쌓이면 빙하는 끝없이 두꺼워지는 거야?"

그렇지 않아.
강물이 높은 곳에서 낮은 곳으로 흐르듯 빙하도 높은 곳에서 낮은 곳을 향해 조금씩 흘러내려 가거든. 남극 대륙 안쪽에 있는 얼음은 1년에 1~5m 정도 흘러내려 간다고 해. 그 속도는 해안으로 갈수록 점점 빨라져.

이제 남극 대륙이 어떤 모습인지 하나하나 살펴보자.
남극 대륙은 동쪽과 서쪽의 생김새가 달라서 동남극과 서남극으로 나누어지는데 동남극은 서남극보다 훨씬 높아. 동쪽에 쌓인 얼음이 서쪽에 쌓인 얼음보다 훨씬 두껍기 때문이야. 그래서 얼음이 많은 동남극이 서남극보다 기온이 더 낮지.
그리고 동남극에 쌓인 얼음은 표면이 평평하지만, 서남극은 동남극에 비해 울퉁불퉁해.

"그런데 남극에서는 얼음밖에 볼 수 없는 거야?"

그렇지 않아.

남극 대륙 가장자리에는 <u>드라이 밸리</u>라고 불리는 무척 건조한 계곡이 있어. 이곳은 바람이 너무나 강하게 불어 물과 눈, 얼음이 모두 증발해 버려서 맨땅을 볼 수 있지.

그런데 이곳에는 남극에서 보기 힘든 강과 호수가 여러 개 있어. 비교적 덜 추운 여름이 되면 강에는 얼음 녹은 물이 잠깐 흐른다고 해.

또 호수 중에는 소금기가 많아서 영하 50℃에도 얼지 않는 곳도 있어.

"이제 북극의 모습을 이야기해 줘."

북극은 남극과 마찬가지로 얼음으로 덮여 있어.

북극 한가운데에는 <u>북극해</u>라는 바다가 있는데, 그 드넓은 바다를 얼음이 뒤덮고 있지.

북극해를 뒤덮은 바다 얼음은 평균 두께가 겨울에는 5~6m이고 여름에 2~3m 정도야. 북극점 부근의 얼음이 가장 두꺼워.

북극해의 얼음에는 두 종류가 있어.

하나는 언 지 일 년도 안 된 갓 생긴 얼음이고, 다른 하나는 오랫동안 얼어 온 얼음이야. 갓 생긴 얼음은 겨울에 생겼다가 여름이면 녹아 없어지지.

하지만 오랫동안 얼어 온 얼음은 여름에도 녹지 않고 해마다 커져. 그래서 겨울에는 북극해에 바다를 덮은 얼음 면적이 늘어나고 여름에는 얼음이 녹아서 면적이 줄지.

그런데 북극 얼음 대부분은 바다보다는 그린란드와 같은 땅 위에 있어.

> **그린란드에 있는 얼음 평균 두께는 약 1,500m나 돼.**

북극은 그린란드와 함께 북아메리카와 아시아, 유럽 대륙의 북쪽 가장자리 땅들도 포함하는데, 이곳은 얼음이 덮이지 않은 곳이 많아.

이런 땅을 툰드라라고 부르지.

툰드라는 대체로 땅이 평평하고 얼어 있어.

여름철에는 햇빛 때문에 땅 표면만 잠시 녹는데, 이때 녹은 물이 얼어 있는 땅속으로 스며들지 못하고 땅 위로 흐르지. 그래서 여름철 툰드라 지역에는 강물이 흐르고 호수가 생긴단다.

7

남극과 북극은 얼마나 추울까?

"남극과 북극 중 어디가 더 추워?"

어디가 더 추운지 남극 기온부터 살펴보자.

퀴즈 하나 낼게. 여름철 남극점의 기온은 어느 정도일까?

"아무리 추운 곳이지만, 여름이니까 우리 집 냉장고의 냉장실 온도 정도 되지 않을까? 영상 2℃."

땡, 틀렸어!

남극점의 여름 평균 기온은 영하 28℃야.

겨울에는 평균 기온이 영하 60℃고, 남극에서 가장 낮은 기온으로 영하 89℃까지 떨어진 적도 있어.

"헉, 영하 89℃면 모든 게 다 얼어붙겠는걸!"

맞아. 이 기온은 온도계가 발명된 후 지구에서 측정된 가장 낮은 기온이라고 해.

"남극에 가면 너무 추워서 바로 감기에 걸리겠어."

그렇지 않아. 아무리 춥더라도 남극에서는 감기에 걸리는 사람이 없어.

"왜?"

남극은 감기 바이러스 같은 바이러스가 없는 깨끗한 지역이기 때문이야.

"그럼, 북극은 얼마나 추워?"

북극도 만만치 않게 춥지. 북극에서 가장 낮은 기온은 영하 67.5℃이고, 북극점의 겨울 평균 기온은 영하 34℃야.

"북극은 남극보다 덜 춥네."

맞아. 특히 여름에는 북극이 남극보다 따뜻한 편이지. 북극의 여름 평균 기온은 0℃이거든.

"왜 그렇지?"

북극이 남극보다 따뜻한 이유는 북극 바다에 남쪽 바다에서 올라오는 따뜻한 물이 흘러들기 때문이야. 게다가 북극은 남극과 달리 바다로 이루어졌잖아.

"바다로 되어 있어서 더 따뜻하다는 거야?"

응. 그 영향이 있지.

왜냐하면, 땅은 햇빛을 받으면 빨리 데워지고 햇빛이 사라지면 빨리 식지만, 바다는 햇빛을 받으면 천천히 데워지고 햇빛이 사라져도 천천히 식거든.

그리고 남극은 북극보다 얼음이 더 두껍게 더 많은 곳을 덮고 있어. 이 엄청난 양의 얼음이 햇빛 대부분을 반사해 버리기 때문에 더 추울 수밖에 없지.

"그런데 남극과 북극은 왜 이렇게 추운 거야?"

그 이유는 태양과 마주 보는 지구의 밑부분과 윗부분에 남극과 북극이 자리해 있기 때문이야.

이곳으로 오는 태양 빛은 비스듬하게 비추어 넓은 지역으로 퍼지게 돼. 그렇기 때문에 남극과 북극에 전달되는 태양 빛의 양이 적기 때문에 그만큼 추운 거야.

"그럼 지구에서 가장 추운 남극에서는 늘 매서운 눈보라가 치겠구나."

그렇지 않아. 남극은 공기 중에 습기가 매우 적은 건조한 기후를 가졌거든. 남극 서쪽 해안에는 일 년에 내리는 눈이나 비의 양이 세계 평균의 반밖에 안 돼.

게다가 남극 대륙 안쪽에는 사막보다 눈이나 비가 훨씬 더 적게 내리는 곳도 있어. 심지어 약 200만 년 동안 눈이나 비가 한 번도 내리지 않은 곳도 있지. 그래서 사람들은 남극을 하얀 사막이라고 부르기도 해.

"얼음으로 덮인 남극이 사막이라니 이해가 안 돼."

남극이 이렇게 건조한 이유는 기온이 너무 낮아 공기 중의 수분이 금세 얼기 때문이야. 그래서 남극에서는 음식이 잘 상하지도 않아.

어느 탐험가는 50년 전의 남극 탐험대가 남긴 빵을 먹은 적이 있다고 할 정도지. 또 죽은 생물체도 아주 천천히 썩기 때문에 미라가 되는 경우가 많아.

그런데 남극과 북극이 한겨울에 영상 10℃가 넘을 정도로 따뜻했던 시기도 있었다는 거 아니?

과학자들은 남극에서 발견된 식물 화석을 연구해서 약 5,000만 년 전에는 남극이 나무가 자랄 정도로 따뜻했음을 알아냈어. 그때 남극 기온은 한겨울에도 10℃ 이상이었고 한여름에는 25℃까지 올라갔지.

북극도 남극처럼 따뜻해서 평균 기온이 영상 13℃나 되었다고 해. 게다가 습도도 높아 식물이 살기 좋은 환경이어서 키가 30m까지 자란 나무가 있을 정도였지.

그때 지구 평균 기온은 현재보다 5℃ 정도 더 높았는데, 이렇게 지구가 따뜻했던 이유는 아직까지 정확히 밝혀지지 않았어.

신기한 북극과 남극 하늘

남극과 북극 하늘에는 다른 곳에서 보기 힘든 신기한 일들이 많아. 몇 달 동안 해가 지지 않고 낮이 계속되고, 반대로 몇 달 동안 해가 뜨지 않아 밤이 계속되지.

> 이렇게 하루 종일
> 낮만 계속되면 <u>백야</u>라 하고,
> 반대로 밤만 계속되면 <u>극야</u>라고 해.

특히 남극점과 북극점에서는 백야와 극야가 6개월 동안 계속돼. 그 이유는 지구의 자전축이 23.5° 기울어져서 태양 주변을 돌기 때문이야. 지구가 이렇게 비스듬히 기울어져 돌면 위치에 따라 햇빛을 받는 면이 달라져.

태양 쪽으로 기운 곳은 햇빛을 오래 받아 낮이 길고, 반대로 먼 쪽은 햇빛을 짧게 받아 낮이 짧아지지.

그래서 지구 가장 위쪽에 있는 북극은 여름이면 태양 쪽으로 많이 기울어져서 해가 지지 않는 백야가, 겨울에는

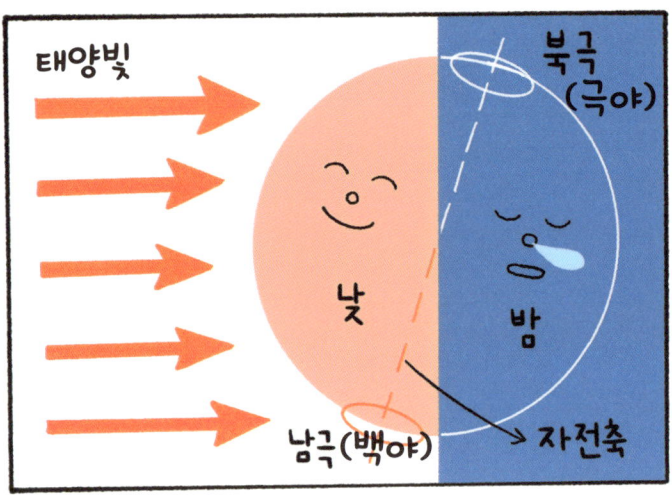

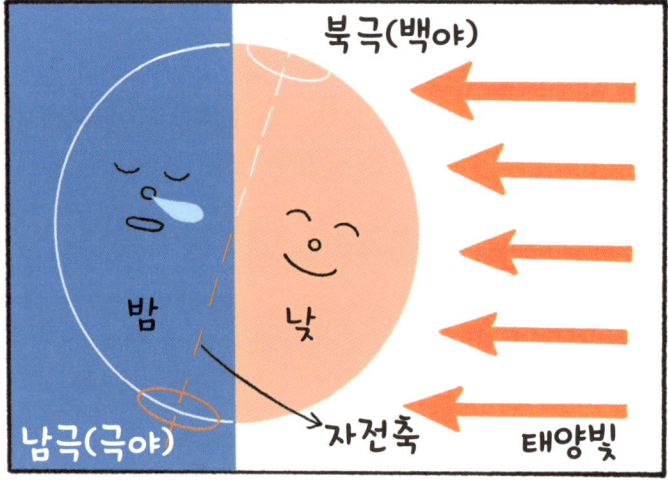

태양의 반대쪽으로 기울어져서 해가 뜨지 않는 극야가 일어나는 거야.

지구의 가장 아래쪽에 있는 남극도 마찬가지란다.

그리고 남극과 북극의 하늘에서는 오로라를 볼 수 있어.

"오로라?"

오로라는 초록색, 보라색, 붉은색, 푸른색, 노란색 등 다양한 빛이 하늘에 마치 커튼이 드리운 것처럼 펼쳐지는 걸 말해. 커튼 모양뿐만 아니라 리본, 활 등 다양한 모양으로 나타나기도 하지.

> **오로라는 태양에서 뿜어낸 전기를 띤 입자들이 지구에 오면서 생기는 거야.**

"왜 지구 어디에서나 오로라를 볼 수 없고 북극과 남극에서만 오로라가 보이는 거지?"

태양에서 온 입자들은 대부분 지구 밖으로 돌아 나가지만, 일부가 북극과 남극으로 흘러들기 때문이야.

앞에서 지구가 하나의 커다란 자석이어서 북극에서는 N극의 자기가 나오고 남극에서는 S극의 자기가 나온다고 말했잖아.

그래서 태양에서 온 전기를 띤 입자들이 북극과 남극에서 나오는 자기에 끌려 북극과 남극으로 흘러드는 거야. 북극과 남극의 하늘로 들어온 이 입자들이 공기와 부딪히면서 아름다운 빛을 내는 것이지.

그리고 태양에서 온 입자들이 공기의 어떤 성분과 부딪히느냐에 따라 오로라의 색이 달라져. 예를 들어 질소와 부딪히면 보라색을 내고, 산소와 부딪히면 붉은색과 녹색의 빛을 내거든.

또 맑은 날 남극과 북극의 하늘에서는 태양이 여러 개로 보이거나 태양 주변에 다채로운 빛깔의 둥근 띠가 여러 개 나타나는 걸 볼 수 있어.

이것을 환일 현상이라고 불러.

환일 현상은 구름의 작은 얼음 알갱이 때문에 일어나. 남극과 북극은 너무 추워서 구름이 작은 얼음 알갱이로 이루어졌는데, 햇빛이 이 얼음 알갱이들과 만나면 반사되거나 꺾이고 흩어지면서 환일 현상이 일어나는 거야.

밤에는 달 주변에서 이와 비슷한 현상이 일어나는데, 이것은 환월 현상이라고 불러. 환일 현상과 마찬가지로 달빛이 구름의 얼음 알갱이와 만나면서 일어나는 현상이야.

그리고 남극과 북극에서는 신기루가 자주 일어나지.

신기루는 멀리 있는 것이 아주 가까이 보이는 착시 현상이야.

남극과 북극에서는 지평선 위에 있는 거대한 빙산을 자주 볼 수 있어. 빙산은 원래 바다에 떠 있는 거잖아.

그래서 사람들은 빙산을 보면 해안이 가깝다고 생각하지만 아무리 가도 해안이 나타나지 않을 수도 있어. 그 빙산은 신기루인 경우가 많거든.

> **신기루는 공기 위쪽과 아래쪽이 서로 온도가 달라서 생기는 현상이야.**

남극과 북극에서는 땅의 겉면은 차가운데 아침에 해가 뜨면 위쪽 공기가 점점 따뜻해지면서 공기 위쪽과 아래쪽 온도에 차이가 생겨.

빛은 온도가 서로 다른 공기를 통과할 때 그 경계면에서 방향이 꺾이는 성질이 있지. 그래서 멀리 있는 것이 가깝게 보이는 착시 현상이 일어나는 거야.

북극에는 어떤 생물들이 살고 있을까?

"극지방처럼 아주 추운 곳에도 생물들이 살아?"

당연하지. 어떤 생물들이 있는지 먼저 북극부터 살펴볼게. 북극 한가운데는 바다가 있다고 했지?

그 바다에서 떠다니는 얼음 위에는 커다란 곰이 살고 있어. 이 곰은 북극에서 가장 크고 힘이 센 동물로, 북극곰이라고 불려. 다 자란 수컷 북극곰의 키는 평균 2.5m이고 몸무게는 500kg나 된다고 해.

북극곰은 아주 추운 북극점 근처에까지 갈 수도 있어.

"북극곰은 두꺼운 옷도 따뜻한 집도 없는데, 어떻게 북극처럼 추운 곳에서 살 수 있지?"

북극곰은 몸이 추위에 잘 견딜 수 있도록 생겼어. 머리와 귀, 꼬리가 덩치에 비해 작은데, 그 이유는 추운 곳에서 체온을 빼앗기지 않도록 몸통을 제외한 다른 부분들이 작아졌기 때문이야.

또 북극곰은 온몸에 털이 촘촘히 나 있고 피부 아래에는 두꺼운 지방층이 있어서 추위를 잘 막아내지. 발바닥에도 털이 아주 많은데, 이 덕분에 얼음 위에서도 넘어지지 않고 사냥을 잘할 수 있어.

북극곰은 주로 물범을 잡아먹으며 살아.

물범이 숨을 쉬기 위해 얼음 구멍으로 잠깐 고개를 내밀 때 북극곰은 앞발로 내리쳐서 물범을 사냥해.

그리고 북극곰은 주로 겨울에 눈 속에 구멍을 파고 그 안에 새끼 1~2마리를 낳아. 새끼 곰은 태어난 지 3~4년이 지나면 다 자라서 어른 곰이 되지.

북극 바다에 떠다니는 얼음 위에는 물범과 바다코끼리도 살고 있어. 이들은 북극곰과 마찬가지로 피부 아래에 두꺼운 지방층이 있어서 추위에 잘 견딜 수 있지.

또 다리 네 개가 모두 지느러미처럼 생겨서 물속에서도 헤엄을 잘 칠 수 있어.

물범과 바다코끼리는 바다와 얼음 위를 오가며 물고기와 조개를 잡아먹으며 살아. 바다코끼리는 엄니가 1m까지 자라는데, 이것으로 바다 바닥을 뒤져서 조개 등의 먹이를 찾는단다.

"북극 바다는 엄청 차가울 텐데, 물고기가 살아?"

그럼. 북극 바닷물은 너무 차가워서 핏속에 얼지 않게 해 주는 물질을 가진 특수한 물고기들이 살지. 그중 하나가 물범이나 바다코끼리가 즐겨 잡아먹는 북극대구야.

북극대구는 바다에 떠 있는 얼음 밑과 가장자리에 숨어 살면서 얼음 주변에 사는 작은 물고기나 새우 등을 잡아먹지.

그리고 북극 바닷속에는 다른 바다와 마찬가지로 <u>식물성 플랑크톤</u>과 <u>해조류</u>들이 살고 있어.

이들은 광합성을 해서 물고기들의 먹이를 만들기 때문에 바다 생물이 살아가는 데 없어서는 안 되는 중요한 생물이야.

또 북극 바닷속에는 세상에서 가장 큰 동물인 <u>고래</u>도 살고 있어. 북극고래는 피부 밑에 두꺼운 지방층이 있어서 차가운 물 속에서도 잘 살 수 있지.

작은 새우나 플랑크톤 등을 바닷물과 함께 삼킨 후에 걸러 먹는다고 해.

"북극처럼 추운 곳에도 식물이 살 수 있을까?"

북극 바다 위 얼음에는 식물이 자랄 수 없지만, 북극 주변 툰드라 지역에서는 식물이 자라.

툰드라 지역의 땅은 대부분 얼어 있지만, 땅이 녹는 여름철에 이끼류와 지의류, 여러 가지 풀이 자라지.

그런데 북극 식물은 강한 바람과 추위를 이겨내기 위해 위로 곧게 자라지 않고 땅을 기어가듯 옆으로 자라고, 서로의 온기를 나누기라도 하듯이 빽빽하게 모여 있어.

그리고 짧은 여름 동안 꽃이 빠르게 피어서 겨울이 시작되기 전에 얼른 씨를 맺지.

"툰드라 지역에 식물이 자라면 이것을 먹고 사는 동물도 있겠네?"

맞아. 툰드라 지대에는 다양한 동물이 살고 있어.

    크리스마스 때 산타클로스 할아버지의 선물이 가득 실린 썰매를 끄는 동물도 이곳에 살지.

    바로 순록이야.

    순록은 여름철에 무리를 이루어 툰드라 지역에 와서는 이끼를 뜯어 먹어. 사향소같이 덩치 큰 초식 동물도 무리를 이루어 살지.

    초식 동물을 잡아먹는 늑대 무리도 있어. 늑대들은 늙고 병들었거나 상처 입어 무리에서 떨어져 나온 순록이나 사향소를 잡아먹지.

    이 외에도 툰드라 지역에는 북극땅다람쥐와 북극토끼와 같은 작은 동물과 이것을 잡아먹는 북극여우도 살고 있어.

북극땅다람쥐는 겨울에 땅굴을 파고 들어가 겨울잠을 자고 거의 여름에만 활동해. 그런데 겨울잠을 자는 동안 피의 온도가 얼음이 어는 온도와 거의 비슷해져.

　특히 북극토끼는 추위에 체온을 빼앗기지 않으려고 다른 토끼에 비해 귀가 작고 다리도 짧으며, 온몸에 두툼한 털을 두르고 있어.

　"다리가 짧아 빨리 못 뛰면 여우에게 쉽게 잡아먹히지 않을까?"

　그렇지 않아. 다리가 짧아도 다른 토끼들처럼 빨리 뛸 수 있어. 자기를 잡아먹으려는 동물이 나타나면, 시속 60km의 빠른 속도로 뛰어 달아나지.

또 이들은 북극의 추운 날씨를 피하려고 땅이나 눈 속에 굴을 파고 그 속에서 산단다.

북극에는 새들도 많아.

여름이 되면 바닷가 절벽에는 바닷새 수백만 마리가 둥지를 틀고 종류별로 각기 다른 높이에 무리 지어 살지.

절벽 맨 아래쪽 바다와 가장 가까운 곳에는 바다오리가 살고, 이보다 높은 곳에는 갈매기들이 둥지를 틀고 있어. 꼭대기에는 대서양퍼핀이 굴을 파고 지낸단다.

그런데 북극에는 매년 남극을 오가는 새가 있어.

"뭐? 북극에서 남극을 오간다고?"

북극이 겨울일 때 남극은 여름이잖아. 그래서 북극의 매서운 추위를 피해 남극에 가서 여름을 즐기는 거야.

북극제비갈매기라는 새인데, 이 새는 북극에서 여름에

새끼를 낳고 살다가 새끼가 어느 정도 자라면 남극으로 가서 다시 여름을 보내.

그리고 다음 해 4월에 새끼를 낳기 위해 북극으로 오는데, 이렇게 북극과 남극을 오가기 위해 매년 4,000km의 엄청난 거리를 날아가지.

남극에는 어떤 생물들이 살고 있을까?

"북극보다 더 추운 남극에도 생물이 살고 있다고?"

물론이지. 그런데 남극은 기온이 너무 낮을 뿐만 아니라 다른 대륙으로부터 멀리 떨어져 있어서 살고 있는 생물의 종류가 많지 않아.

특히 땅 위에 사는 포유류는 전혀 없지. 몇 종류 안 되는 생물도 대부분 남극 대륙 안쪽보다 덜 추운 바다나 해안 쪽에 살고 있어.

남극을 대표하는 생물은 역시 펭귄이야.

펭귄을 보면 생각나는 거 없니?

"결혼식 예복을 입은 사람이 똑바로 서 있는 모습과 비슷해."

맞아. 그래서 여름철에 수많은 펭귄이 떼를 지어 모이면 재미있으면서도 멋진 광경이 펼쳐져. 마치 예복을 입은 신사들이 모인 근사한 행사장 같지.

남극에 사는 가장 대표적인 펭귄은 아델리펭귄과 황제펭

권이야. 특히 아델리펭귄은 남극에 사는 전체 펭귄의 3분의 2를 차지할 정도로 그 수가 많아. 아델리펭귄은 다 자라면 키가 약 75cm 정도이고 눈이 하얀 단추처럼 생긴 게 특징이지.

황제펭귄은 다 자라면 키가 1.2m이고 몸무게가 30~40kg로 아델리펭귄보다 몸집이 커.

"남극은 북극보다 더 추운데, 그런 추위를 펭귄은 어떻게 견뎌?"

펭귄은 깃털과 피부 밑에 있는 두꺼운 지방층 덕분에 남극의 매서운 추위와 바람에 견딜 수 있어. 펭귄의 깃털은 촘촘히 겹쳐 나 있고, 깃털 아래에는 부드러운 솜털이 나 있어. 이 덕분에 몸의 열이 잘 빠져나가지 않아.

그리고 깃털은 기름샘에서 나오는 기름이 묻어 있어서 물에 젖지도 않지.

"남극에는 먹을 게 별로 없을 텐데, 날지도 못하는 펭귄은 뭘 먹고 살아?"

펭귄은 바다에 들어가서 물고기와 오징어를 잡아먹어.

"뒤뚱거리며 걷는 펭귄을 보면, 헤엄을 절대 못 칠 것 같은데."

그렇지 않아. 펭귄은 물속에서 자유롭게 움직일 수 있는 몸매를 가졌고, 날개가 작고 강해서 헤엄치기에 알맞지.

펭귄이 아주 빠르게 헤엄칠 때는 마치 돌고래가 물 밖으로 솟아오르는 것처럼 헤엄을 치는데, 이때 시속 30km의 속력을 낼 수 있다고 해.

"와, 물속에서 그렇게 빨라?"

응. 황제펭귄은 20여 분 동안 바닷속 200m 깊이까지 내려갈 수 있어. 어떤 황제펭귄은 바닷속 500m가 넘는 깊이까지 내려갔다고 하니 정말 대단하지.

남극에는 북극과 마찬가지로 물범이 살고, 물범보다 날씬해서 동작이 빠른 물개도 있어. 물범과 물개는 얼음 위에서는 뒤뚱뒤뚱 걷지만, 물속에서는 날렵하게 헤엄을 잘 치지. 물고기와 오징어, 크릴 등을 잡아먹는데, 펭귄을 잡아먹는 물범도 있어.

또 남극 바다에는 북극 바다와 마찬가지로 고래가 많아. 20세기 초부터 사람들은 남극 바다에서 고래 사냥을 했는데, 이때 가장 많이 잡혔던 고래가 바로 지구에서 가장 큰 생물인 대왕고래였어.

다 자란 대왕고래는 길이가 30m가 넘고 몸무게가 150톤이나 되지.

"와, 무엇을 먹고 살길래 몸집이 그리 큰 거야?"

대왕고래는 주로 크릴을 먹고 사는데, 한 끼에 크릴 500만 마리를 먹을 정도야.

"그 정도로 먹는다면, 남극 바다에 크릴이 금방 없어지겠는걸?"

그렇지 않아. 남극 바다에는 크릴이 아주 많거든.

크릴은 크기가 5~7cm이고 생김새가 새우를 닮아 '남극새우'로도 불리지만 새우와는 다른 종류의 갑각류야.

크릴은 고래와 펭귄, 물범, 물고기, 오징어 등 남극에 사는 육식 동물의 중요한 먹잇감이기 때문에 남극 동물이 살아가는 데 없어서는 안 되는 중요한 생물이지.

크릴이 많은 이유는 남극 바다에 크릴의 먹이인 식물성 플랑크톤이 많기 때문이야. 식물성 플랑크톤은 남극의 물고기들에게도 좋은 먹이가 되지.

남극 바다에도 북극 바다처럼 핏속에 얼지 않게 해 주는 물질을 가진 특수한 물고기들이 100종 넘게 살고 있어. 이들은 주로 섬 주변의 깊지 않은 바닷속에 사는데, 남극대구와 빙어가 가장 유명하지.

"남극에는 식물이 있어?"

남극 땅은 너무나 황량하고 추워서 북극 땅과 달리 식물이 잘 자라지 않아.

그나마 식물이 살 만한 곳은 여름에 눈이 녹는 곳인데, 대부분 조류나 지의류, 이끼류가 자라고 꽃을 피우는 식물이 단 2종뿐이지.

남극의 식물은 환경 탓에 매우 느리게 자라는데, 어떤 이끼는 100년에 1cm 정도만 자란다고 해.

"남극에도 새들이 살아?"

물론이지. 남극에는 <u>스쿠아</u>라는 새가 있어. 스쿠아는 다른 새의 알이나 새끼를 훔쳐 먹는 습성 때문에 도둑갈매기라고도 불리지.

또 성질이 사나워서 자기 동족의 둥지를 습격하기도 해. 스쿠아는 바다에서 크릴이나 물고기를 잡아먹거나 죽은 동물을 먹고 사는데, 펭귄들이 사는 곳에 둥지를 틀고 펭

권의 알과 새끼를 사냥하기도 해.

남극에는 먹성이 좋아 먹을 수 있는 건 뭐든 닥치는 대로 먹는 새가 있어. 바로 **칼집부리물떼새**야. 이 새는 수영을 잘 못해서 바다가 아닌 땅 위에서 먹이를 찾지.

펭귄이 새끼에게 주려고 토해 낸 물고기와 크릴을 훔쳐 먹고, 펭귄의 알도 훔쳐 먹어. 새끼 펭귄을 사냥하기도 하고, 죽은 동물을 청소하듯 먹어치우기도 해. 심지어는 물범의 똥을 먹을 때도 있어.

그 외에도 **남극가마우지**가 사는데, 이 새는 물속에서 물고기와 크릴 등을 잡아먹지. 남극가마우지는 무리를 지어 살기 때문에 겨울이 되면 수백 마리가 바다에 빽빽이 모인 광경을 볼 수 있어.

남극과 북극은 누구의 땅일까?

"한반도의 60배나 되는 거대한 남극 대륙은 누구의 땅일까?"

"눈과 얼음만 있는 땅에 누가 관심이나 있겠어? 아무리 넓어도 처음 발견한 나라의 땅이겠지."

그렇지 않아. 남극이 춥고 얼음만 있는 곳으로 알려졌지만 자원이 많아서 남극을 차지한 나라는 많은 이득을 챙길 수 있어. 그래서 남극이 세상에 알려진 후로 여러 나라가 군침을 흘렸지.

그러던 중 1908년에 영국이 남극 일부가 자기 땅이라고 주장했어. 그러자 다른 나라들도 잇따라 자기 땅이라고 주장하기 시작했지.

그들은 남극을 자기들이 가장 먼저 발견했거나 자기 나라와 가장 가깝다는 이유를 들었고, 심지어는 그 땅에 자기 나라 사람들이 살고 있다는 이유를 들기도 했어.

"흥, 자기 마음대로군."

맞아. 이렇게 해서 1940년대까지 영국, 아르헨티나, 프랑스, 뉴질랜드, 오스트레일리아, 노르웨이, 칠레가 남극을 조각조각 나눠 가지겠다고 주장했어.

하지만 그때 세계에서 가장 힘이 센 나라인 미국과 소련이 이 주장을 받아들이지 않았지. 오히려 미국은 1948년에 남극에 관심 있는 나라들이 남극을 공동으로 관리하자는 의견을 내놓았어.

이 의견을 칠레가 받아들이면서 남극 공동 관리에 대해 국제 사회의 관심이 높아졌지.

그러면서 1959년 12월 1일에 미국, 소련, 영국, 아르헨티나, 오스트레일리아, 벨기에, 칠레, 프랑스, 일본, 뉴질랜드, 노르웨이, 남아프리카공화국 12개국이 모여 **남극조약**을 맺었어.

남극조약에 따라 이제 남극은 어느 누구의 땅도 아니야. 누구의 허락을 받지 않고도 남극을 이용할 수 있게 되었지.

다만, 남극을 이용하려면 남극조약에 따라 몇 가지 규칙을 지켜야 해.

> 남극은 군사적인 목적이 아닌
> 평화적인 목적으로만 이용할 수 있고,
> 과학 조사 목적이라면
> 자유롭게 이용할 수 있어.

또 남극에서 핵실험을 하면 안 되고, 방사능을 밖으로 내보내거나 암을 일으키는 물질을 버리면 안 돼.

우리나라도 1986년에 남극조약에 가입했고, 2012년까지 모두 50개국이 남극조약에 가입했어.

이제 북극의 주인이 누구인지 살펴볼까?

북극은 남극과 달리 바다로 이루어졌고 그린란드를 포함해서 북아메리카와 아시아, 유럽 대륙의 북쪽 가장자리

부분을 포함하기 때문에 남극과 달리 각각 주인이 있어.

러시아, 미국, 캐나다, 노르웨이, 덴마크 5개국이 북극에 포함된 땅과 섬들의 주인이야.

또 북극 바다와 붙어 있는 나라들은 자기 땅과 가까운 북극 바다를 사용할 수 있는 권리가 있어서 이들의 협조 없이는 접근하기도 힘들지.

그런데 2007년 8월에 러시아의 소형 잠수정이 북극점에서 4km 떨어진 바닷속으로 들어가 바다 밑에 러시아 국기를 꽂은 일이 있었어.

바닷속 땅이 러시아 땅과 연결되기 때문에 장차 러시아 영토가 될 수 있다고 주장한 거야.

"북극 주변 나라들이 가만있지 않았겠네."

맞아. 덴마크도 탐사대를 꾸려 북극 바닷속을 탐사했고, 미국도 북극 바닷속을 탐사했지.

이렇게 되자 북극 바다에 영토를 가진 5개 국가들은 더 이상 영토 다툼으로 발전하면 안 되겠다고 생각했어. 결국, 이들은 북극의 영토 문제로 다툼이 생기면 유엔의 결정에 따르기로 약속했지.

> **많은 나라들이 북극을 차지하려고 하는 이유는 북극 바다 밑에 많은 지하 자원이 묻혀 있기 때문이야.**

지구 온난화로 북극 바다를 뒤덮은 두꺼운 얼음의 두께가 줄어들면서 지하자원을 캐내기 쉬워졌거든.

12

북극과 남극에서 사람들은 어떻게 살았을까?

북극에는 오래 전부터 이누이트라고 불리는 사람들이 살았다고 이야기했지?

"응. 이누이트가 에스키모잖아."

그래, 이누이트는 우리에게 에스키모로 더 많이 알려졌어. 그런데 이누이트는 자신을 에스키모로 부르는 것을 싫어해.

"왜?"

에스키모에는 <u>날고기를 먹는 사람</u>이라는 뜻이 있기 때문이야. 대신 그들은 이누이트로 불리기를 원해. 이누이트는 그들 말로 '사람'을 뜻하거든.

이누이트는 원래 중앙아시아와 북동아시아에 살던 사람들인데, 약 5천 년 전부터 시베리아의 바닷가를 따라서 이동하면서 북극에 넓게 퍼져 살게 되었지.

"난 조금만 추워도 꼼짝하기 싫은데, 북극처럼 추운 곳에서 이누이트는 어떻게 살았을까?"

지금은 그린란드에서 시베리아를 거쳐 캐나다 북부 지역에 이르는 아주 넓은 땅에 약 10만 명이 살고 있어.

이들은 원래 한곳에 머물지 않고 사냥과 채집을 하면서 떠돌아다니는 유목민이야.

지금이야 보일러가 있는 따뜻한 집이 있고 모터보트와 총이 있어서 편하게 사냥을 하지만, 옛날에는 그렇지 않았어.

이누이트는 주로 순록과 물범, 고래 따위를 사냥했고, 여름철에 잡은 고기를 말려서 겨울에도 먹을 수 있게 저장했지. 그리고 잡은 동물의 모든 부분을 이용해 생활 도구를 만들었어.

동물의 가죽으로 옷과 신발, 텐트와 배를 만들었고, 뿔이나 뼈로는 연장이나 사냥 도구 등을 만들었지. 또 사냥하기 위해 바다 얼음 위를 다닐 때는 얼음으로 집도 만들었어.

이 집이 바로 이누이트의 집으로 잘 알려진 이글루야.

    이글루는 잠시 머무르기 위해 임시로 만든 집이고, 원래 이누이트는 여름에는 텐트에서 생활하고 겨울에는 흙으로 만든 집에서 살았지. 하지만 오늘날에는 문명의 영향으로 이누이트가 사는 모습도 많이 바뀌었어.

    이제 떠돌이 생활을 하지 않고 대부분 한곳에 모여 마을을 이루며 벽돌로 만든 현대식 건물에서 살고 있지. 사냥 대신 다른 일자리를 통해서 돈을 버는 이누이트도 늘고 있어.

이제 남극에선 사람들이 어떻게 살고 있는지 알아볼까? 남극 대륙은 북극보다 더 춥고 더 혹독한 기후를 가졌어.

"그래서 남극에는 원래 사람이 살지 않았다며?"

맞아. 남극에는 19세기에 유럽 사람들이 발을 들여놓기 전까지 아무도 살지 않았어.

하지만 남극이 발견된 후에 물개와 고래를 잡으려는 사냥꾼들이 남극 대륙 서북쪽 섬들에 모여들었지. 그런데 얼마 후 남극에 고래와 물개 수가 크게 줄어 잘 잡히지 않자 그들은 남극을 떠났어.

20세기에 들어서는 남극 대륙과 가까운 칠레와 아르헨티나가 땅을 차지하려는 욕심에 사람들을 남극 대륙으로 보내 살게 했지. 하지만 현재 남극에 가장 많이 살고 있는 사람들은 과학자들이야. 그동안 남극이 과학 연구에서 매우 중요하다는 사실이 알려지기 시작했거든.

1954년에 영국 모슨 기지가 남극에 처음으로 들어선 후 세계 여러 나라의 과학자들이 남극으로 와서 기지를 세우고 연구를 하기 시작했어.

지금은 과학자와 그들을 돕는 사람들 약 4천 명 이상이 남극에 살고 있지. 매서운 추위가 몰려오는 겨울철에도 약 1천 명이 남아 연구를 하고 있어.

남극에서는 각국 과학 기지에서 생활하는 과학자들이 모여 친목을 도모하기 위한 여러 가지 행사를 열기도 해.

그중 가장 유명한 행사가 킹조지 섬에 있는 칠레 기지에서 매년 열리는 남극 올림픽이야.

올림픽의 종목은 배구, 농구, 탁구, 축구인데, 특이하게도 남극의 한겨울인 8월에 열려.

"남극의 겨울은 엄청 추울 텐데, 어떻게……?"

모든 경기가 실내 체육관에서 열리기 때문에 괜찮아. 남극에서는 겨울이면 사람들이 실내에만 갇혀 지내야 해서 억지로라도 운동을 해야 하거든. 그래서 한겨울에 올림픽이 열리는 거야.

그리고 남극에 사는 사람들은 남극의 환경 보호를 위해 노력하고 있어.

"어떻게?"

남극은 다른 지역보다 덜 오염되어서 매우 깨끗한 곳이잖아. 하지만 춥고 건조한 기후 때문에 오염물이 잘 썩지 않아서 한번 오염되면 쉽게 회복되지 않거든.

그래서 남극조약에 가입한 나라들은 남극을 깨끗하게 보존하기 위해 1991년에 서로 약속을 했어.

이 약속에 따라 남극 기지에서 나오는 쓰레기는 환경에 해롭지 않는 것만 태울 수 있지. 그리고 태우고 남은 재와 나머지 쓰레기는 모두 배에 실어서 남극 밖으로 가지고 나가야 해.

또 동물이나 식물이 모여 사는 곳에는 허가받고 들어가

야 하고, 들어가서도 정해진 길로만 다녀야 하지. 동물이 사는 곳에서는 동물이 놀라지 않도록 헬리콥터가 낮게 날아서도 안 돼.

 그리고 남극 밖의 생물이나 흙을 남극 안으로 들여오면 안 돼. 그 이유는 생물이나 흙을 통해 남극에 없던 바이러스나 세균이 들어오는 것을 막기 위해서야.

 그래서 과거에 남극 탐험을 할 때 많은 도움을 주었던 개들도 1994년부터 남극에서 사라졌어.

13

얼음 바다를 가르며 나가는 배, 쇄빙선

"나도 남극이나 북극에 가 보고 싶어. 어떻게 갈 수 있어?"

비행기나 배를 타고 갈 수 있지.

그런데 비행기는 착륙하기 위한 활주로가 필요하므로 남극과 북극에서 갈 수 있는 곳이 많지 않아. 주로 배를 타고 가지.

"그럼 근사한 유람선을 타고 가야겠군."

그런데 남극이나 북극은 바다에 떠다니는 얼음이 많아서 배를 타고 갈 때 주의해야 해.

백여 년 전에 길이가 268m나 되는 커다란 유람선 **타이타닉 호**가 북극해와 가까운 북대서양 바다에서 **빙산**과 충돌해 침몰한 적이 있었어.

"그렇게 커다란 배가 침몰했다고?"

빙산은 남극이나 북극 바다에 떠다니는 얼음 덩어리인데, 아무리 작은 것이라도 조심해야 해.

배와 부닥치면 큰 사고를 당할 수 있어서야. 빙산은 물 위에 드러난 부분보다 물 밑에 잠긴 부분이 훨씬 크거든. 예를 들어 물 위로 드러난 부분이 10m인 빙산은 물속에 잠긴 부분이 115m나 되지.

"와, 보이는 것보다
11배나 더 큰 얼음이
물 속에 숨어 있다니!"

게다가 남극이나 북극 바다에서는 배들이 얼음에 막혀 앞으로 못 나가거나 꽁꽁 언 얼음 바다에 갇히는 사고가 일어날 수도 있어.
"그럼 어떻게 해?"
그래서 19세기 중엽부터 사람들은 얼음을 깨며 앞으로 나가는 배인 쇄빙선을 만들려고 노력했지.
그동안은 기술이 발달하지 못해서 아주 얇은 얼음만 부

술 수 있었어. 그런데 세월이 지나면서 오늘날에는 두꺼운 얼음도 가뿐히 부수면서 앞으로 나가는 아주 힘 좋은 쇄빙선이 등장했지.

"쇄빙선은 보통 배와 어떻게 달라?"

오늘날 쇄빙선은 보통 배와 다른 몇 가지 특징이 있어.

얼음을 깨면서 앞으로 나가야 하므로 같은 크기의 다른 배보다 몇 배나 힘이 센 엔진을 가졌지. 그리고 배 앞부분은 얼음과 부딪혀도 안전하도록 보통 배보다 훨씬 두꺼운 강철판으로 만들어졌고 얼음에 쉽게 올라탈 수 있는 모양으로 생겼어.

"쇄빙선이 왜 얼음에 올라타는 거야?"

쇄빙선은 두꺼운 얼음을 만났을 때 얼음 위에 올라타서 배의 무게로 얼음을 눌러 깨거든.

그래서 쇄빙선은 같은 크기의 다른 배보다 훨씬 무겁고 배의 무게를 옮길 수 있는 여러 장치가 달렸지.

1950년대 이전에는 북극 바다를 끼고 있는 나라들만 쇄빙선을 만들었어. 얼어버린 바다에서 뱃길을 만들고 얼음에 갇힌 배들을 구조할 때 쓰기 위해서지.

하지만 1960년대부터는 세계 각국이 남극에 연구 기지를 세우면서 연구 목적으로 쇄빙선을 만들기 시작했어. 우리나라도 2009년에 최첨단 쇄빙선 아라온을 만들어 사용하고 있지.

'아라온'은 순 우리말로 바다를 뜻하는 '아라'와 전부 또는 모두를 뜻하는 '온'이 붙어서 만들어진 이름이야.

아라온 호는 다른 배들과는 달리 소음과 진동이 적은 전기 모터로 움직여. 그렇다고 힘이 약한 건 아니야. 보통 배의 4~5배나 강한 힘을 낼 수 있거든. 배 바깥쪽 철판에는 영하 40℃의 환경에서도 견딜 수 있도록 열선이 깔려 있지.

배 앞부분은 날카로운 칼날처럼 생겼어. 이 뱃머리가 얼음 위에 올라가면 얼음을 더 쉽게 부술 수 있어.

아라온 호는 뒤쪽에 달린 프로펠러를 원하는 방향으로 360° 회전시킬 수 있고, 배 앞쪽에도 프로펠러가 달려 있어. 이 장치를 이용하면 제자리에서 360° 회전해서 왔던 길로 되돌아갈 수 있지.

그리고 얼음에 파묻혔을 때 배를 좌우로 흔들어서 얼음을 털어버릴 수 있는 장치도 있어.

"와, 어떻게 배가 좌우로 흔들지?"

배 바닥에 있는 물탱크에 물을 좌우로 오고 가게 하면서 배를 좌우로 조금씩 기울면 돼.

14

남극과 북극의 우리나라 과학 기지

"그런데 우리나라는 왜 아라온 호를 만든 거야?"

남극에 우리나라 과학 기지가 두 개나 있기 때문이야. 우리나라가 1986년 남극조약에 가입한 다음다음 해인 1988년에 남극 대륙 북서쪽 킹조지 섬 해안가에 세종 과학 기지를 세웠고, 2014년에는 남극 대륙 동남부에 장보고 과학 기지를 세웠어.

여기서 우리나라 과학자들이 남극에 대한 연구를 하고 있지.

"우리나라 과학 기지는 어떻게 생겼어?"

세종 기지는 대원들이 생활하는 숙소와 연구실 있는 식당과 휴게실 등 여러 개의 건물로 이루어져 있어.

"남극이라 엄청 추울 텐데, 괜찮을까?"

걱정 마. 건물 모두 추위를 막는 재료가 두툼하게 든 벽으로 만들어졌거든.

게다가 사람들이 생활하는 건물은 땅에서 1.5m 떨어진 위에 지어졌어. 땅에서 올라오는 찬 공기를 직접 받지 않을 뿐만 아니라 눈이 건물 아래로 날려가서 쌓이지 않게 하려고 그렇게 지은 거야.

"기지에서는 편하게 생활할 수 있는 거야?"

그럼. 세종 기지 옆에는 눈 녹은 물이 흘러들도록 만든 인공 호수가 있는데 이 호수 물을 끌어다 대원들이 마음껏 마시고 씻을 수 있지.

"날씨가 추우면 호수 물이 얼 텐데……."

맞아. 겨울에는 호수가 얼어붙어 물을 쓸 수 없어.

그때는 바닷물을 이용하지.

"바닷물은 너무 짜잖아."

  기지 안에 바닷물을 마실 수 있는 물로 바꾸는 장치가 여러 대 있어. 또 발전기로 전기를 생산해 난방을 하기 때문에 밖의 기온이 아무리 낮아도 기지 안에서는 따뜻하게 지낼 수 있지.

  세종 기지에는 기지에서 나오는 쓰레기를 태우는 소각기가 있어. 물론 남극 환경 규약에 따라 태워도 환경에 해가 되지 않는 쓰레기만 태우지.

  쓰레기를 태우고 남은 재는 캔에 담는데, 캔 압축기로 재가 담긴 캔을 압축해서 창고에 보관해. 그리고 매년 여름에 배에 실어 남극 밖으로 보낸단다.

  이런 시설 덕분에 대원들은 불편함 없이 생활할 수 있는 거야.

"아무리 그래도 남극에 있는 사람들은 맛있는 걸 마음대로 못 먹겠지?"

그렇지 않아. 소고기, 돼지고기, 닭고기, 김치, 마른 멸치, 고사리, 더덕, 도라지, 미역, 고추장, 된장, 오징어포 등 다양한 먹을거리를 우리나라에서 가지고 가서 세종 기지 대원들이 먹는 음식은 우리와 큰 차이가 없어.

"하지만 신선한 야채는 먹을 수 없잖아."

아니. 신선한 야채도 마음껏 먹을 수 있어.

기지 안에 식물 공장이 있거든.

식물 공장은 공장에서 물건을 만들 듯이 채소나 곡물을 만드는 시설이야. 공기 조절 장치를 이용해 식물 공장 안에는 언제나 식물이 자라기 알맞은 따뜻한 공기가 공급되고, 흙 대신 양분이 포함된 배양액에서 식물이 자라지.

식물 공장에서는 식물이 광합성을 하는 데 필요한 태양

빛 대신에 LED 등의 인공조명을 이용해.

 이러한 식물 공장은 햇빛과 흙이 없어도 되므로 계절이나 기후와 상관없이 어느 곳에서나 원하는 시기에 식물을 키울 수 있어.

 그래서 세종 기지 대원들은 식물 공장에서 재배한 신선한 채소를 먹을 수 있는 거야.

"그런데 북극에도 과학 기지가 있어?"

북극에 포함되는 섬들과 육지는 모두 주인이 있어서 과학 기지를 세우려면 그 나라의 도움을 받아야 해.

우리나라는 노르웨이의 협조를 받아 2002년 북극해 근처의 스피츠베르겐 섬 뉘올레순 지역에 <u>다산 과학 기지</u>를 설치했어.

다산 기지는 노르웨이가 건설한 국제 과학 기지촌에 있는데, 이곳에는 우리나라를 비롯해서 노르웨이, 영국, 독일, 프랑스, 일본, 이탈리아, 중국 등 8개국의 기지가 있지.

북극과 남극의 눈물

지금 세계가 <u>지구 온난화</u> 문제로 많이 힘들어 하는 거 알지? 지구 온난화로 가장 큰 영향을 받는 곳이 바로 북극과 남극이야.

> **지구 평균 기온이 1℃ 오르면,
> 북극과 남극의 기온은 4℃나 오르거든.**

지구 온난화로 기온이 오르면서 북극과 남극 바다에 얼음이 녹아 사라지고 있어.

이 얼음은 그동안 태양 에너지를 반사해 왔어. 그런데 얼음이 녹으면서 줄어든 얼음 면적만큼 바닷물이 태양 에너지를 더 많이 흡수하게 되니까 바닷물 온도가 오르게 돼.

그러면 얼음이 더 많이 녹고, 이에 따라 바닷물이 태양 에너지를 더 많이 흡수하는 일이 되풀이돼.

그래서 북극과 남극은 다른 곳보다 지구 온난화의 영향

을 4배나 더 받지.

　북극은 100여 년 동안 바다 얼음 면적이 절반으로 줄었어. 더 큰 문제는 최근 20~30년 사이에 바다 얼음이 빠른 속도로 줄고 있다는 거야.

　남극도 마찬가지야. 인공위성을 통해 살펴본 결과에 의하면, 최근 30년 동안에 북극과 남극에서 인도 땅덩어리 크기의 얼음이 녹아서 사라졌다고 해.

"와, 인도는 엄청 큰 나라인데!"

　북극과 남극의 많은 얼음이 녹으면 어떻게 될까? 얼음이 녹으면서 생긴 많은 물이 바닷물에 더해지게 돼. 그 때문에 지난 100년 동안 바닷물의 높이가 10~20cm나 올라갔어.

　그러면서 **투발루**, **피지** 등과 같은 남태평양의 섬나라와 인도양의 아름다운 섬나라인 **몰디브**가 서서히 바닷속으로 잠기고 있지.

　앞으로도 지금과 같이 지구 온난화가 계속되면, 북극과 남극의 얼음이 계속 녹아 100년 뒤에는 바닷물 높이가 50~90cm 더 높아질 수 있어.

　그러면 남태평양과 인도양의 섬나라뿐만 아니라 지구 곳곳에서 바닷가 주변에 있는 많은 도시가 물에 잠기고 말 거야.

　또 북극과 남극의 기온이 오르면서 이곳에 사는 동물들이 큰 피해를 보고 있어.

　"날씨가 따뜻해지면 동물들에게 더 좋은 거 아니야?"

　아니. 기온이 올라 얼음이 녹으면 많은 동물이 살 곳을 잃게 돼.

　예를 들어 북극곰이 살아가려면 바다에 떠다니는 얼음이 꼭 필요해. 북극곰은 얼음 위에서 먹이를 잡아먹고 짝짓기도 하거든. 먼 거리를 이동할 때도 이 바다 얼음을 이용하지.

　지금처럼 지구 온난화가 계속된다면 가까운 미래에 북극곰은 지구에서 모두 사라지고 말 거야.

북극 바다표범도 마찬가지야.

바다표범은 바다 얼음 위에 머물다가 물속으로 내려가 북극대구를 잡아먹으며 살거든. 그래서 얼음이 사라지면 바다표범도 살아가기 어려워.

결국, 북극의 얼음은 그곳에서 살아가는 동물들에게 없어서는 안 되는 거야.

남극도 다르지 않아.

남극의 황제펭귄은 바다 얼음 위에서 새끼를 낳아 키우

는데 최근 남극 바다 얼음이 줄어들면서 황제펭귄의 수도 줄고 있어.

　이처럼 지구 온난화로 극지방의 얼음이 녹으면, 동물들의 생태계가 무너질 수 있단다. 남극과 북극을 보존하는 것은 동물뿐 아니라 지구 생태계를 지키는 중요한 아주 중요한 일이라는 걸 꼭 기억해야 해.

교양 꿀잼

남극과 북극에도 식물이 있을까?

초판 1쇄 발행 2022. 8. 20.
초판 3쇄 발행 2025. 4. 30.

지은이	윤상석
그린이	김지하
발행인	이상용 이성훈
발행처	봄마중
출판등록	제2022-000024호
주소	경기도 파주시 회동길 363-15
대표전화	031-955-6031
팩스	031-955-6036
전자우편	bom-majung@naver.com

ISBN 979-11-978051-9-6 73400

값은 뒤표지에 있습니다.
잘못된 책은 구입한 서점에서 바꾸어 드립니다.
본 도서에 대한 문의사항은 이메일을 통해 주십시오.

봄마중은 청아출판사의 청소년·아동 브랜드입니다.